# BEI GRIN MACHT SICH IHR WISSEN BEZAHLT

Sadik Altindal

# Pflegestufen - Die Feststellung, wie viel Pflege der Pflegebedürftige bedarf

GRIN Verlag

**Bibliografische Information der Deutschen Nationalbibliothek:**

Die Deutsche Bibliothek verzeichnet diese Publikation in der Deutschen National-
bibliografie; detaillierte bibliografische Daten sind im Internet über http://dnb.d-
nb.de/ abrufbar.

**Impressum:**

Copyright © 2007 GRIN Verlag GmbH
Druck und Bindung: Books on Demand GmbH, Norderstedt Germany
ISBN: 978-3-640-21882-0

**Dieses Buch bei GRIN:**

http://www.grin.com/de/e-book/114714/pflegestufen-die-feststellung-wie-viel-
pflege-der-pflegebeduerftige

**GRIN - Your knowledge has value**

Der GRIN Verlag publiziert seit 1998 wissenschaftliche Arbeiten von Studenten, Hochschullehrern und anderen Akademikern als eBook und gedrucktes Buch. Die Verlagswebsite www.grin.com ist die ideale Plattform zur Veröffentlichung von Hausarbeiten, Abschlussarbeiten, wissenschaftlichen Aufsätzen, Dissertationen und Fachbüchern.

**Besuchen Sie uns im Internet:**

http://www.grin.com/

http://www.facebook.com/grincom

http://www.twitter.com/grin_com

**Pflegestufen – Die Feststellung, wie viel Pflege der Pflegebedürftige bedarf**

**Inhalt**

## 1 Einleitung

Das Thema „Pflege" und „Pflegebedürftigkeit" ist ein Thema was viele Menschen in Deutschland betrifft und auch interessiert. Auf Grund der Tatsache, dass die Bevölkerung in Deutschland immer älter wird, sind viele von uns mit der Pflege der älteren Personen konfrontiert. Dabei handelt es sich nicht nur um alte, fremde Menschen, die in Pflegeheimen betreut werden müssen, sondern auch um die eigenen Verwandten und Bekannten.

Dass die Bevölkerung immer älter wird, sieht man anhand der Tabelle, wo die Bevölkerung nach Altersgruppen unterteilt ist. [1]

| Bevölkerung nach Altersgruppen | | | | |
|---|---|---|---|---|
| Gegenstand der Nachweisung | Einheit | 2003 | 2004 | 2005 |
| Deutschland | | | | |
| nach Altersgruppen von ... bis unter ... Jahren | | | | |
| unter 6 | 1 000 | 4 519,3 | 4 435,1 | 4 346,1 |
| 6 – 15 | 1 000 | 7 642,8 | 7 489,5 | 7 303,7 |
| 15 – 25 | 1 000 | 9 621,7 | 9 678,1 | 9 689,6 |
| 25 – 45 | 1 000 | 24 461,1 | 24 088,7 | 23 736,4 |
| 45 – 65 | 1 000 | 21 426,8 | 21 441,9 | 21 492,1 |
| 65 und mehr | 1 000 | 14 860,0 | 15 367,5 | 15 870,1 |
| Insgesamt | 1 000 | 82 531,7 | 82 500,8 | 82 438,0 |

Aktualisiert am 24. August 2006

Hieraus ist zu erkennen, dass die Bevölkerungsanzahl von 0 – 45 Jahren zumeist zurückgeht. Auf der anderen Seite steigt der Anzahl derer, die über 45 Jahre alt sind.

Es ist auch zu beachten, dass die Pflege nicht nur im Alter notwendig wird: es kann jeden von uns – egal wie alt und gesund – jederzeit treffen. Eine Unachtsamkeit oder auch ein Unfall und schon ist man selbst ein Pflegefall. Um dieses Risiko zu decken, hat der Gesetzgeber die Pflegeversicherung geschaffen.

In meinem Referat möchte in auf dieses Thema eingehen. Dabei werde ich zunächst auf die Entstehung und Entwicklung der Pflegeversicherung erläutern. Anschließend will ich die Ziele der Pflegeversicherung

---

[1] vgl. www.destatis.de

nennen. Daraufhin werde ich mich dem Begriff der Pflegebedürftigkeit widmen, sowie den Stufen und Bedingungen der Pflegebedürftigkeit.

## 2 Entstehung und Struktur der Pflegeversicherung

Pflegebedürftigkeit kann jeden von uns jederzeit treffen. Dabei findet ein gravierender Einschnitt im Leben des Pflegebedürftigen statt. Es entstehen viele Probleme, die im Umfeld gelöst werden müssen.[2]

Hiermit will gesagt werden, dass jeder pflegebedürftig werden kann. Dabei ist sowohl das Alter als auch das Geschlecht relativ unwichtig. Ein 20-jähriger kann durch einen Schlaganfall genauso pflegebedürftig werden, wie ein 85-jähriger aus Altersgründen. Durch die Pflegebedürftigkeit entstehen neue Aufgaben, die gelöst werden müssen. Diesen Menschen muss man helfend zur Seite stehen, da sie die alltäglichen Tätigkeiten wie z.B. waschen, kochen oder anziehen nicht mehr selbstständig bewältigen können.

Zudem müssen deren Wohn- und Lebensumgebungen der neuen Situation angepasst werden. Als Beispiel kann ich hier die Erweiterung der Türen anführen, die Notwendig bei der Benutzung eines Rollstuhls werden. Zu den weiteren Anpassungen gehören sowohl der Treppen- als auch der Badewannenlifter.

Um diese Aufgaben zu erfüllen, hat der Gesetzgeber die Pflegeversicherung als eigenständigen Versicherungszweig unter dem Dach der Gesetzlichen Krankenversicherung geschaffen. Die gesetzliche Pflegeversicherung trat am 01. Januar 1995 in Kraft. Es ist somit der jüngste Zweig der Sozialversicherung.[3]

Pflegekassen sind die Träger der Pflegeversicherung. Die Aufgaben der Pflegeversicherung werden durch die Mitarbeiter der Krankenkassen erfüllt, d.h. die Mitarbeiter der Krankenkassen sind auch die Mitarbeiter der Pflegekassen.[4]

---

[2] vgl. SF-Medien; 6.6 Leistungen bei Pflegebedürftigkeit, Seite 1
[3] vgl. SF-Medien; 6.6 Leistungen bei Pflegebedürftigkeit, Seite 2
[4] vgl. § 46 Abs. 1 Satz 1 und 2; Abs. 2 Satz 3 SGB XI

Jedoch hat sowohl die Kranken- als auch die Pflegekasse eine eigene und eigenständige Buchführung.[5]

Man kann also sagen, dass die Pflegekassen unter dem Dach der Krankenkassen geschaffen wurden, um den Pflegebedürftigen zu dienen.

## 3 Ziele der Pflegeversicherung

Nachdem nun die Entstehung und einige Grundstrukturen im vorherigen Kapitel erläutert wurden, will ich nun die ziele der Pflegeversicherung aufzählen.

*„Die Pflegeversicherung hat die Aufgabe, Pflegebedürftigen Hilfe zu leisten, die wegen der Schwere der Pflegebedürftigkeit auf solidarische Unterstützung angewiesen sind."*[6]

Hier wird darauf hingewiesen, dass den pflegebedürftigen mit Leistungen der gesetzlichen Pflegeversicherung geholfen werden sollen.

Hierbei muss auch beachtet werden, dass die Pflegebedürftigen trotz des Hilfebedarfes ein selbstständiges und selbstbestimmtes Leben führen, das der würde des Menschen entspricht. Die Hilfen sind darauf auszurichten, die körperlichen, geistigen und seelischen Kräfte der Pflegebedürftigen wiederzugewinnen oder zu erhalten.[7]

Hier wird darauf hingewiesen, das Pflegebedürftige würdevoll behandelt werden sollen. Ein 80-jähriger soll demnach nicht wie ein Säugling behandelt werden. Zudem sollen die Pflegebedürftigen lernen, die Aufgaben des alltäglichen Lebens, wie waschen, putzen usw., selbstständig zu bewältigen. Hierbei soll nur bei Notwendig geholfen werden. Das Prinzip des „Förderns und Forderns" ist also stets zu beachten.

*„Die Pflegebedürftigen können zwischen den Einrichtungen und Diensten verschiedener Träger wählen. Ihren Wünschen zur Gestaltung der*

---

[5] vgl. § 46 Abs. 1 Satz 5 SGB XI
[6] siehe § 1 Abs. 4 SGB XI
[7] vgl. § 2 Abs. 1 SGB XI

*Hilfe soll, soweit sie angemessen sind, im Rahmen des Leistungs-recht entsprochen werden.*[8]

Die These „soweit sie angemessen sind" ist hier nun von wichtiger Bedeutung. Wer bekommt wann, welche Leistung? Welche Faktoren spielen bei der Entscheidung eine Rolle? Wann ist wer, wie pflegebedürftig? Auf diese Fragen will ich in den folgenden Kapiteln näher eingehen.

## 4 Pflegebedürftigkeit

*„Pflegebedürftig sind Personen, die wegen einer körperlichen, geistigen oder seelischen Krankheit oder Behinderung für die gewöhnlichen und regelmäßig wiederkehrenden Verrichtungen im Ablauf des täglichen Lebens auf Dauer, voraussichtlich für mindestens 6 Monate, in erheblichem oder höherem Maße der Hilfe bedürfen.*[9]

Um die Einstufung der Pflegebedürftigkeit zu erlangen, müssen einige Voraussetzungen vorliegen. Zunächst einmal muss man aufgrund der Behinderung bzw. der Krankheit so eingeschränkt sein, dass man die Aufgaben des alltäglichen Lebens nicht ausführen kann. Dabei ist auch zu beachten, dass körperliche, seelische oder geistige Krankheiten bzw. Beeinträchtigungen bei der Einstufung der Pflegebedürftigkeit gleich gewichtet werden müssen. *„Es ist also ganz gleich, wie schwerwiegend die Erkrankung ist, ganz gleich, wie behindert jemand ist, es gehören noch andere Faktoren dazu."*[10]

Zu diesen anderen Faktoren gehört, dass er Hilfe bei der Ausübung der gewöhnlichen und regelmäßig wiederkehrenden Verrichtungen des täglichen Lebens bedarf. Diese Verrichtungen werden in § 14 Abs. 4 SGB XI wie folgt definiert:

**Grundpflege:**

- Körperpflege: waschen, duschen, baden, Zahnpflege, kämmen, rasieren, Darm-/ Blasenentleerung

- Ernährung: mundgerechte Zubereitung der Nahrung, Nahrungsaufnahme

---

[8] siehe § 2 Abs. 2 SGB XI
[9] siehe § 14 Abs. 1 SGB XI
[10] siehe Jutta König, Der MDK – Mit dem Gutachter eine Sprache sprechen, Seite20

- Mobilität: aufstehen/ zu Bett gehen, an-/ auskleiden, gehen, stehen, Treppen steigen, verlassen/ wiederaufsuchen der Wohnung

**hauswirtschaftliche Versorgung:**
- einkaufen, kochen, reinigen der Wohnung, spülen, wechseln/ waschen der Wäsche/ Kleidung, beheizen der Wohnung

Ein behinderter Mensch ist also nicht automatisch immer gleich pflegebedürftig.[11] Er muss bei den o.g. Tätigkeiten Hilfe gebrauchen.

Ein weiteres Kriterium zur Einstufung als Pflegebedürftiger ist der, dass der Hilfebedarf bei der Verrichtung der o.g. Tätigkeiten für mindestens 6 Monate vorliegt. Bei Unterschreitung der 6-Monats-Frist besteht kein Anspruch auf Leistungen der Pflegeversicherung.[12] Der letzte Punkt zur Einstufung der Pflegebedürftigkeit ist das Vorliegen eines Hilfebedarfes in „erheblichem" oder „höherem Maße". Diese Einteilung wird durch die sogenannten Pflegestufen festgelegt. Anhand dieser Einteilung wird sowohl „die Häufigkeit des Hilfebedarfes als auch der tagesdurchschnittliche zeitliche Mindestaufwand der Pflegeperson" definiert.[13]

**5 Pflegestufen**
Der Gesetzgeber hat sich auf drei Pflegestufen festgelegt. Diese sind in §15 SGB XI dargestellt. Dabei findet eine Unterteilung in Pflegestufe I, II und III statt. Die Zuordnung der Pflegebedürftigen in eine der drei Stufen hängt v.a. von der Häufigkeit des Hilfebedarfes und vom zeitlichen Mindestaufwand ab.[14]

In der Pflegestufe I (erheblich pflegebedürftig) gelten folgende Voraussetzungen:
- Benötigung der Hilfe, mindestens einmal täglich bei zwei Verrichtungen bei der Grundpflege sowie Hilfe bei der hauswirtschaftlichen Versorgung mehrfach in der Woche

---

[11] vgl. Jutta König, Der MDK – Mit dem Gutachter eine Sprache sprechen, Seite20
[12] vgl. Kühn/ Werner, Taschenatlas zur Pflegeversicherung, Seite 13
[13] Ebd
[14] vgl. Kühn/ Werner, Taschenatlas zur Pflegeversicherung, Seite 21

- Zeitaufwand: 90 min. pro Tag, wobei mind. 46 min. für die Grundpflege **ohne** Hauswirtschaft aufgebracht werden müssen[15]

Für die Pflegestufe II (schwerpflegebedürftig) gelten folgende Voraussetzungen:
- Benötigung der Hilfe, mindestens dreimal täglich zu verschiedenen Tageszeiten sowie Hilfe bei der hauswirtschaftlichen Versorgung mehrfach in der Woche
- Zeitaufwand: 180 min. pro Tag, wobei mind. 120 min. für die Grundpflege **ohne** Hauswirtschaft aufgebracht werden müssen[16]

Dann sind da noch die Voraussetzungen für die Pflegestufe III (schwerstpflegebedürftig):
- rund – um – die – Uhr - Betreuung und nächtliche Hilfe notwendig
- Zeitaufwand: 300 min. pro Tag, wobei mind. 240 min. für die Grundpflege **ohne** Hauswirtschaft aufgebracht werden müssen[17]

Außerdem gibt es noch die Härtefälle. Dies ist dann der Fall, wenn Hilfe bei der Grundpflege mind. 7 Std. pro Tag erforderlich ist, davon mind. 2 Std. in der Nacht erforderlich ist **oder** die Hilfe durch mehrere Personen in der Nacht notwendig ist.[18] Hierbei ist zu beachten, dass jedes der beiden Voraussetzungen für sich den Anspruch erfüllt.


**6 Bedingungen zur Pflegebedürftigkeit**
Um als pflegebedürftig eingestuft zu werden, müssen somit folgende Kriterien erfüllt werden:

1. Krankheit und Behinderung (Verluste, Lähmungen usw.)
2. auf Dauer, voraussichtlich für mindestens 6 Monate
3. Hilfe (Anleitung, Beaufsichtigung, Unterstützung und Übernahme)

---

[15] vgl. Jutta König, Der MDK – Mit dem Gutachter eine Sprache sprechen, Seite23
[16] vgl. Jutta König, Der MDK – Mit dem Gutachter eine Sprache sprechen, Seite24
[17] Ebd.
[18] Ebd.

bei

4. Körperpflege, Ernährung, Mobilität und Hauswirtschaft.

Je nach Stärke des Bedarfes nach Hilfe in den Bereichen Körperpflege, Ernährung, Mobilität findet eine Einteilung in die Pflegestufen I, II und III statt. [19] Die Leistungen aus der Pflegekasse richten sich der Begutachtung und nach der o.g. Einstufung.

## 7 Fazit

Der Gesetzgeber veranlasste im Jahre 1995 die Schaffung von Pflegekassen. Diese haben die Aufgabe, dem Wohl der Solidargemeinschaft zu dienen, in dem sie den Pflegebedürftigen helfend zur Seite stehen. Dabei wird vom Gesetzgeber genau festgelegt, wann ein Mensch pflegebedürftig ist. Es reicht nicht, nur eine Erkrankung oder Behinderung zu haben. Mann muss auch die täglich wiederkehrenden Verrichtungen des Lebens nicht alleine bewältigen können. Zudem muss die Behinderung auf Dauer, mindestens für 6 Monate vorliegen. Die Schwere der Pflegebedürftigkeit wird ebenfalls in 3 Stufen plus Härtefall unterteilt. Der Sinn in dieser Einteilung liegt darin, dass jeder Pflegebedürftige die für ihn notwendige und optimale Versorgung erhält. Durch diese Einstufung soll auch eine Überversorgung von nicht schwer- und schwerstpflegebedürftigen vermieden werden. Dies steht im Gegensatz zum „Fordern und Fördern Prinzip". Zudem sind in Zeiten sinkender Beitragseinnahmen, leerer Kassen und Sparmaßnahmen ist eine effiziente und effektive Einteilung der Mittel unentbehrlich.

Abschließend kann also gesagt werden, dass die Pflegebegutachtung ein wichtiges Instrument der Pflegekasse ist, um den Pflegebedarf des Pflegebedürftigen zu ermitteln.

---

[19] vgl. Jutta König, Der MDK – Mit dem Gutachter eine Sprache sprechen, Seite26

# 8 Abkürzungsverzeichnis

| | |
|---|---|
| d.h. | das heißt |
| vgl. | vergleiche |
| SGB | Sozialgesetzbuch |
| MDK | Medizinischer Dienst der Krankenversicherung |
| o.g. | oben genannten |
| v.a. | vor allem |
| min. | Minuten |
| Std. | Stunden |
| usw. | und so weiter |

# Literatur

Jutta König; Der MDK – Mit dem Gutachter eine Sprache sprechen; Schlütersche Verlag; Wiesbaden 2004

Kühn/ Werner; Taschenatlas zur Pflegeversicherung; Asgard Verlag; St. Augustin 2003

SGB XI; Stand: 2006

SF-Medien; 6.6 Leistungen bei Pflegebedürftigkeit; Bonn und Fries Verlag; 2004

https://www-ec.destatis.de/csp/shop/sfg/bpm.html.cms.cBroker.cls?cmspath=struktu r,vollanzeige.csp&ID=1022497; Internet; Stand: August 2006